Eingemacht & Ausgepackt

Eingemacht & Ausgepackt

Tanja Grandits

Geschenke aus meiner Küche

AT Verlag

AT Verlag, Baden und München
Fotos: Michael Wissing, Waldkirch
Fotoassistenz: Joss Andres
Lithos: Vogt-Schild Druck, Derendingen
Druck und Bindearbeiten: AZ Druck und Datentechnik, Kempten
Printed in Germany

ISBN 978-3-03800-422-6

www.at-verlag.ch

Inhalt

Vorwort

Dieses Buch ist eine leise, sinnliche Erinnerung an die Kultur und Intimität des Selbstgemachten und des Schenkens. 60 Rezepte, alle individuell und effektvoll, sind ein Stück konservierter Jahreszeit, Fantasie und Lebenszeit in Gedanken an die Person, für die sie gedacht sind.

Tanja Grandits ist eine konzentrierte und begeisterte Köchin, die für ihre Gäste Gerüche, Farben, Konsistenzen und Geschmack sehr bewusst kombiniert. Die Teller, die aus ihrer Küche kommen, wirken heiter, der Geschmack des Essens ist anregend und harmonisch zugleich. Sie kocht, wie es ihr selbst Freude macht, ist detailverliebt und schafft trotzdem Gesamtkunstwerke – und sie schenkt gern. Deshalb passt die Idee zu diesem Buch »Eingemacht & Ausgepackt« so gut zu ihrer Person.

Der Weg vom puren Lebensmittel hin zum Geschenk auf dem Esstisch der Freunde ist gespickt mit vielen persönlichen Überlegungen, Handgriffen und Zubereitungen. Er beginnt mit der Auswahl bester Grundzutaten. Sie können aus dem eigenen Garten kommen, mit Sorgfalt auf dem Markt eingekauft sein, oder man sammelt sie in der Natur beim Wandern wie zum Beispiel Bärlauch und Nüsse. Reifes aromatisches Obst und Gemüse, das man selbst Stück für Stück in die Hand nimmt, sind die Grundlage für viele selbstgemachte Geschenke in diesem Buch – ganz natürlich, ohne Zusätze und ohne künstliche Konservierungsmittel zubereitet. Hinzu kommen die Düfte von Kräutern und frisch gemörserten Gewürzen in der Küche, die bei Tanja Grandits eine besondere Rolle spielen. Es sind die Aromen, die sie liebt und die sie furchtlos und geschmackssicher einsetzt, die angenehm überraschen. Und so hübsch und originell verpackt wie die Vorschläge in diesem Buch, zeugt so ein Geschenk noch einmal mehr von der Wertschätzung, die es ausdrückt.

Sabine Knappe, *Der Feinschmecker*

TANJA
GRANDITS

Konfierte Lavendelmelonen

1 Melone
300 g Zucker
300 ml Wasser
1 Sternanis
1 EL getrocknete Lavendelblüten

Die Melone schälen, halbieren und mit einem Löffel die Kerne entfernen. Die Frucht in 16 gleichmäßige Schnitze schneiden.

Den Zucker mit dem Wasser und den Gewürzen in einem weiten Topf zum Kochen bringen. Die Melonenschnitze dazugeben und, sobald es kocht, mit einer Schaumkelle vorsichtig herausheben. Auf einem Teller im Kühlschrank abkühlen lassen.

Den Sirup erneut aufkochen und den Vorgang mit den Melonen insgesamt sieben Mal wiederholen.

Die Melonenschnitze in ein Vorratsglas schichten. Mit dem Sirup auffüllen und verschließen. Im Kühlschrank mehrere Monate haltbar.

Tipp:
Passt sehr gut zu Ziegenkäse, Geflügel oder Sauerrahmeis.

Eingelegte Salzzitrone

Für 1 Glas in Zitronengröße

2 unbehandelte Zitronen
50 g grobes Meersalz
1 Lorbeerblatt
1 Sternanis
einige Korianderkörner
einige schwarze Pfefferkörner

Eine der Zitronen längs vierteln, aber nicht ganz durchschneiden. Etwas vom Meersalz in die Einschnitte streuen.

Die Hälfte des restlichen Salzes in ein Einmachglas passender Größe geben. Die Zitrone zusammen mit den Gewürzen daraufgeben und mit dem restlichen Salz bedecken. Die zweite Zitrone auspressen und den Saft über das Salz im Einmachglas gießen.

Das Glas gut verschließen und die Zitrone im Kühlschrank mindestens 3 Wochen ziehen lassen, dabei das Glas täglich umdrehen. Im Kühlschrank mehrere Monate haltbar.

Tipp:
Die Schale der Salzzitronen eignet sich zum Aromatisieren von Fischgerichten, Couscous und Salaten.

Konfierte Lavendelmelonen

Eingelegte Salzzitrone

Weißes Tomatengelee mit Thaibasilikum

Weißes Tomatengelee mit Thaibasilikum

1½ kg reife Zweigtomaten, gewaschen, Stielansatz entfernt
1 großes Bund Thaibasilikum
1 TL Salz
1 EL gehackter frischer Ingwer
Saft von 1 Limette
500 g Gelierzucker
1 Päckchen Gelierpulver (Gelfix Super)

Die Tomaten klein schneiden und mit den Basilikumblättern, Salz, Ingwer, Limettensaft und 200 g Gelierzucker pürieren. In ein Passiertuch geben, zubinden und über eine Schüssel gehängt im Kühlschrank abtropfen lassen.

Am nächsten Tag den abgetropften Saft (ca. 900 ml) mit dem restlichen Gelierzucker und dem Gelierpulver zum Kochen bringen und 5 Minuten köcheln lassen. In heiß ausgespülte Vorratsgläser füllen. Im Kühlschrank mehrere Monate haltbar.

Tipp:
Passt gut zu Büffelmozzarella, Frühlingsrollen oder Geflügel.

Rumtopf-Pfefferbeeren

200 g Zucker
300 ml Wasser
200 ml Rum
250 g Erdbeeren
250 g Himbeeren
250 g rote Johannisbeeren
250 g Blaubeeren
3 EL rosa Pfefferkörner

Aus Zucker und Wasser einen Sirup kochen. Abkühlen lassen und mit dem Rum mischen.

Die Beeren waschen, gut abtropfen lassen und zusammen mit den Pfefferkörnern in ein großes Vorratsglas schichten. Mit dem Rumsirup auffüllen. Gut verschlossen und in ein Tuch gewickelt, damit die Früchte vor Licht geschützt sind, im Kühlschrank mindestens 6 Monate ziehen lassen; mehrere Monate haltbar.

Tipp:
Köstlich zu Vanille- oder Joghurteis.

Rumtopf-Pfefferbeeren

Schwarze Gewürznüsse

2 kg grüne (d.h. unreife) Walnüsse (die Schale muss noch weich sein)
1 kg Zucker
400 ml weißer Balsamicoessig
150 ml Wasser
6 Zimtstangen
2 Vanilleschoten, ausgekratzt
4 Sternanis
1 EL Piment
1 unbehandelte Orange, abgeriebene Schale
1 unbehandelte Zitrone, abgeriebene Schale

Die Nüsse mit einer Nadel ringsherum einstechen. Mit kaltem Wasser bedeckt aufkochen und 5 Minuten ziehen lassen. Abgießen und kalt abspülen.

Den Zucker karamellisieren, mit Essig und Wasser ablöschen, dann alle übrigen Würzzutaten dazugeben. Die Nüsse in die Marinade legen und mit einem Teller beschwert 2 Tage ziehen lassen.

Die Marinade abgießen und aufkochen, die Nüsse dazugeben und 35 Minuten leicht köcheln lassen. Die Nüsse herausnehmen und den Sud noch etwas einkochen.

Die Nüsse in Einmachgläser füllen und mit der heißen Marinade auffüllen. Gut verschließen und 6 Monate ziehen lassen. Im Kühlschrank mehrere Monate haltbar.

Tipp:
Passt sehr gut zu Käse, Geflügel oder Wild.

In Zimtöl eingelegter Ziegenkäse

100 ml kaltgepresstes Olivenöl
1 Zimtstange

2 runde Ziegenfrischkäse (à ca. 50 g)
Zesten von ½ Zitrone
1 TL rosa Pfefferkörner
einige Zweige Thymian
1 kleine grüne Chili

Das Olivenöl sanft erwärmen, die Zimtstange dazugeben und über Nacht ziehen lassen.

Einen Teil der Gewürze in ein Vorratsglas geben. Die Ziegenkäse darauflegen, mit dem Zimtöl aufgießen und die restlichen Gewürze dazugeben. Gut verschlossen im Kühlschrank 1–2 Wochen haltbar.

Zwiebelmarmelade

1 EL Olivenöl
2 Knoblauchzehen, fein gehackt
1 EL gehackte Thymianblätter
1 rote Chili, entkernt, fein gewürfelt
4 Zwiebeln, fein gehackt
Salz, Pfeffer aus der Mühle
2 EL Zucker
1 Prise Kurkuma
2 EL Rotweinessig
300 ml Wasser
1 Prise Schwarzkümmel

Das Öl erhitzen, Knoblauch, Thymian und Chili 1 Minute anbraten. Dann die Zwiebeln dazugeben und mit Salz, Pfeffer, Zucker und Kurkuma würzen. Nochmals 15 Minuten bei mittlerer Hitze braten. Mit Essig und Wasser ablöschen, den Schwarzkümmel darunterrühren und weiter kochen, bis die Zwiebeln weich sind.

Im Kühlschrank mehrere Monate haltbar.

Tipp:
Diese Marmelade passt gut zu Fleischgerichten, Käse oder Kartoffeln.

Safran-Orangen-Pasta

250 g Mehl
6 Eigelb
1 Ei
2 TL Olivenöl
1 EL Milch
1 Msp. Safranpulver
1 unbehandelte Orange, fein abgeriebene Schale

Das Mehl in eine große Schüssel sieben und in der Mitte eine Mulde formen. Die übrigen Zutaten verrühren und in die Mulde geben. Mit zwei Fingern langsam von innen nach außen vermengen, bis das ganze Mehl eingearbeitet ist. Den Teig von Hand 10 Minuten gut kneten. In Folie gewickelt 45 Minuten ruhen lassen.

Den Teig auf der bemehlten Arbeitsfläche leicht ausrollen, dann auf der niedrigsten Stufe durch die Pastamaschine drehen. Zusammenfalten und den Vorgang wiederholen. Dann den Vorgang auf der nächsten Stufe wiederholen. So fortfahren, bis die höchste Stufe erreicht ist. Zuletzt den Teig durch die Schneidewalze drehen. Die Nudeln, zu Nestchen gerollt, auf einem Gitter zum Trocknen auslegen.

Tipp:
Diese Teigwaren schmecken frisch zubereitet natürlich ebenfalls ausgezeichnet. Vor allem zu Meeresfrüchten oder mit Tomatenpesto.

Dörrtomaten-Aprikosen-Pesto

150 g getrocknete Tomaten,
klein geschnitten
150 g getrocknete Aprikosen,
klein geschnitten
150 ml warmes Wasser
1 EL Zitronensaft
1 Msp. gemahlene Fenchelkörner
1 Prise Piment d'Espelette oder Chilipulver
1 EL Lavendelhonig
1 Knoblauchzehe, gehackt
4 EL Olivenöl

Die getrockneten Tomaten im warmen Wasser 10 Minuten einweichen. Dann die Tomaten samt dem Einweichwasser zusammen mit allen übrigen Zutaten fein pürieren.

In Vorratsgläser füllen und im Kühlschrank aufbewahren; etwa 10 Tage haltbar.

Tipp:
Sehr gut als Crostini-Aufstrich, zu Geflügel, Ziegenkäse oder Pasta.

Piment d'Espelette wird aus einer speziellen in den französischen Pyrenäen angebauten Chilisorte hergestellt. Es ist mild süßlich, fruchtig mit intensiver Farbe und besonders aromatischem Geschmack.

Rote Currypaste

1/4 TL schwarze Pfefferkörner
1 TL Kreuzkümmel
1 TL Anis
1 EL Koriandersamen
2 Knoblauchzehen, gehackt
2 Schalotten, gehackt
10 rote Chili, entkernt, gehackt
2 EL gehackter Ingwer
1 EL gehackter Galgant
6 Limettenblätter, gehackt
4 Stengel Zitronengras, äußere Blätter entfernt, Inneres gehackt
1 EL gehackte Korianderwurzel
1 TL Paprikapulver
3 EL Erdnuss- oder Sonnenblumenöl
1 TL Garnelenpaste

Die Gewürze in einer trockenen Pfanne rösten. Zusammen mit den übrigen Zutaten im Mixer zu einer feinen Paste verarbeiten.

Im Kühlschrank etwa 10 Tage haltbar.

Tipp:
Eignet sich zur Zubereitung von Thaicurry, Saucen und Suppen.

Rote Currypaste
Sesam-Minz-Pesto
Safran-Hummus

Sesam-Minz-Pesto

4 Handvoll Minzblätter
2 Handvoll Basilikumblätter
2 Knoblauchzehen, gepresst
2 EL Sesamöl
160 ml Sonnenblumenöl
1 grüne Chili, entkernt
2 EL Sherryessig
2 Prisen brauner Zucker
Salz
4 EL Sesam, geröstet

Alle Zutaten im Mixer zu einer Paste verarbeiten.

Im Kühlschrank etwa 10 Tage haltbar.

Safran-Hummus

1 Msp. Safranpulver
2 EL Wasser
3 EL Sesam, gemörsert
200 g gekochte Kichererbsen
6 EL Zitronensaft
5 EL Olivenöl
1 Prise Zucker
1 Prise Chilipulver
1 Prise gemahlener Koriander
Salz, Pfeffer aus der Mühle

Das Safranpulver mit dem Wasser verrühren und erwärmen. Zusammen mit allen übrigen Zutaten fein mixen.

Im Kühlschrank etwa 10 Tage haltbar.

Tipp:
Sehr lecker als Dip zu frittiertem Gemüse, Falafel oder Fisch. Auch geeignet als Aufstrich für vegetarische Sandwichs.

Vanille-Oliven-Tapenade

500 g schwarze, in Olivenöl eingelegte Oliven, entsteint
3 Vanilleschoten, Mark ausgekratzt
2 Knoblauchzehen, fein gehackt
1 ungespritzte Zitrone, abgeriebene Schale und Saft
200 g Gelierzucker
200 ml Weißwein
1 Msp. Chilipulver
Salz, Pfeffer aus der Mühle

Alle Zutaten in einen Topf geben und 15 Minuten köcheln lassen. Mixen und in Gläser abfüllen.

Im Kühlschrank etwa 10 Tage haltbar.

Tipp:
Schmeckt ausgezeichnet zu Ziegenkäse, Tomatengerichten oder als Belag auf Crostini.

Vanille-Oliven-Tapenade
Cashew-Chutney
Limetten-Chimichurri

Cashew-Chutney

200 g Cashewnüsse, im Ofen geröstet
2 EL gewürfelte Schalotte
2 EL gehackter Ingwer
2 EL gehackter Koriander
oder glattblättrige Petersilie
½ TL gehackte Chili
2 EL Limettensaft
Fleur de Sel

Alle Zutaten im Mixer zu einer Paste verarbeiten.

Im Kühlschrank etwa 10 Tage haltbar.

Tipp:
Eignet sich für gebratene Nudelgerichte oder als Kruste für Fisch oder Geflügel.

Limetten-Chimichurri

2 Handvoll Korianderblätter
1 Handvoll glattblättrige Petersilie
1 TL getrockneter Oregano
1 grüne Chili, entkernt, fein gewürfelt
150 ml Olivenöl
1 Limette, abgeriebene Schale
und 6 EL Limettensaft
2 Knoblauchzehen, gehackt
1 Prise Salz
1 Prise Zucker

Alle Zutaten zusammen fein mixen.

Im Kühlschrank etwa 10 Tage haltbar.

Tipp:
Passt gut zu gegrilltem Fisch und Fleisch. Auch zum Marinieren von geröstetem Gemüse.

Erdnuss-Gewürzmischung

Erdnuss-Gewürzmischung

4 EL Sesam
2 EL Koriander
1 EL Kreuzkümmel
½ TL schwarzer Pfeffer
3 EL Erdnüsse, geröstet und gehackt
1 EL Meersalz

Sesam, Koriander, Kreuzkümmel und Pfeffer einzeln trocken rösten und mörsern. Mit den übrigen Zutaten mischen.

Dunkel und trocken aufbewahrt mehrere Monate haltbar.

Tipp:
Eignet sich als »Würzkruste« zum Braten von Thunfisch oder Fleisch.

Als besonders milde und geschmackintensive Variante verwende ich gerne das zartflockige Maldon-Meersalz.

Orangenpulver

8 unbehandelte Orangen
60 g Zucker
250 ml Wasser

Die Schale der Orangen mit dem Sparschäler fein abschälen. Zusammen mit dem Zucker und dem Wasser etwa 10 Minuten köcheln, bis die Flüssigkeit sirupartig eingekocht ist. Die Orangenschalen herausnehmen und auf ein geöltes Backpapier legen. Im Backofen bei 60 Grad etwa 2 Stunden trocknen lassen. Anschließend die getrockneten Orangenschalen fein mahlen.

Dunkel und trocken aufbewahrt mehrere Monate haltbar.

Tipp:
Eignet sich zum Würzen von Jakobsmuscheln oder Fisch vor dem Braten. Über Reisgerichte, Salate usw. gestreut, verleiht es einen frischen Geschmack.

Orangenpulver

Thaicurrysalz

100 g Meersalz
2 Stengel Zitronengras, Inneres fein gehackt
1 EL gehackter Ingwer
3 EL Kokosraspel, geröstet
½–1 TL rote Currypaste

Alle Zutaten gut mit den Händen vermischen und in Vorratsdosen füllen.

Tipp:
Zum Würzen von Fisch, Fleisch, Gemüse.

Sommersalz

100 g Meersalz
3 EL Zitronenthymianblättchen, fein geschnitten
½ unbehandelte Limette, fein abgeriebene Schale
1 unbehandelte Orange, fein abgeriebene Schale
1 EL Szechuanpfeffer, gemörsert
1 Prise Zucker

Alle Zutaten gut vermischen und in Vorratsdosen füllen.

Tipp:
Zum Würzen zum Beispiel von Tomaten, Fisch oder Pasta

Sushisalz

100 g Meersalz
1 EL getrocknete Algenblätter, gemahlen
1 TL Wasabipaste
1 EL fein gehackter frischer Ingwer
2 EL gerösteter Sesam
½ unbehandelte Zitrone, fein abgeriebene Schale
½ EL rosa Pfeffer, zerstoßen

Alle Zutaten gut mit den Händen vermischen und in Vorratsdosen füllen.

Tipp:
Zum Würzen zum Beispiel von Thunfisch, Lachs oder Rindsfilet-Carpaccio.

Sämtliche Salzmischungen sind dunkel und trocken aufbewahrt mehrere Monate haltbar.

.

Thaicurrysalz
Sommersalz
Sushisalz
Orientalisches Rosen-Zimt-Salz

Orientalisches Rosen-Zimt-Salz

1 grüne Kardamomkapsel
1 EL Korianderkörner
1 TL schwarzer Pfeffer
100 g Meersalz
2 EL gemahlene Duftrosenblätter
1 Zimtstange (7 cm), gemörsert
1 TL getrocknete Minze, gemörsert
1 EL Zucker

Kardamom, Koriander und Pfeffer einzeln trocken rösten. Abkühlen lassen, mörsern und mit den übrigen Zutaten mischen. In Vorratsdosen füllen.

Dunkel und trocken aufbewahrt mehrere Monate haltbar.

Tipp:
Zum Würzen zum Beispiel von Lamm, Couscous oder Gemüse.

Gewürzteemischung für Chai Latte

Gewürzteemischung:
2 TL schwarze Pfefferkörner
8 Nelken
8 grüne Kardamomkapseln, Samen ausgelöst
1 Zimtstange, grob zerbrochen
½ TL Fenchelsamen
1 kleines Stück getrockneter Ingwer (Asienladen oder Reformhaus)
1 TL Süßholz, geschnitten
5 TL Schwarzteeblätter

½ l Wasser
½ l Milch
2 TL brauner Zucker

Für die Teemischung sämtliche Zutaten mischen.

Für 1 Liter Chai Latte Wasser, Milch, Zucker und die Teemischung 5 Minuten köcheln lassen. Durch ein Sieb abgießen und mit dem Milchschäumer aufschäumen.

Tipp:
Durch das Trocknen verstärkt sich der Geschmack des Ingwers. Daher vorsichtig dosieren.

Gewürzteemischung für Chai Latte

Orangen-Koriander-Öl

200 ml fruchtiges Olivenöl
2 unbehandelte Orangen,
Schale dünn abgeschält
½ TL Korianderkörner
1 Prise Safranpulver
1 Vanillestange, aufgeschlitzt
3 Blütenstände Langer Pfeffer
2 grüne Kardamomkapseln

Alle Zutaten in eine Flasche geben und verschließen. Im Kühlschrank 1 Woche ziehen lassen.

Im Kühlschrank etwa 4 Wochen haltbar.

Tipp:
Passt zu gebratenem Fisch, Gemüse und Salaten.

Der in der indischen und asiatischen Küche gerne verwendete Lange Pfeffer ist schärfer als schwarzer Pfeffer und hat einen süßlich-warmen Beigeschmack. Die stäbchenartigen Blütenstände werden ganz verwendet oder vor der Beigabe zu einem Gericht zerbrochen und zermörsert oder gemahlen.

Ingwer-Gewürzbutter

125 g Butter (Zimmertemperatur)
⅓ TL Salz
¼ TL Kurkuma
1 EL fein gehackter frischer Ingwer
¼ TL gemahlener Koriander
1 Msp. gemahlene Muskatblüte

Alle Zutaten zusammen mit dem Schneebesen cremig rühren. In ein Vorratsgefäß füllen oder in Klarsichtfolie zu Rollen formen.

Im Kühlschrank etwa 1 Woche haltbar.

Tipp:
Passt als Brotaufstrich sowie auf gegrilltes Fleisch oder gebratenen Fisch.

Orangen-Koriander-Öl

Pistazien-Roquefort-Butter

125 g Butter (Zimmertemperatur)
1 kleine Schalotte, fein gewürfelt
3 EL gemahlene Pistazien
60 g Roquefort, fein zerkrümelt
Saft von ½ Zitrone
1 EL geriebener Parmesan
1 EL Brotbrösel

Alle Zutaten gut verrühren. In ein Vorratsgefäß füllen oder in Klarsichtfolie zu Rollen formen.

Im Kühlschrank etwa 1 Woche haltbar.

Tipp:
Eignet sich sehr gut zum Gratinieren von Gemüse, Fisch oder Fleisch.

Chermoulabutter

1 TL Limettensaft
1 Msp. Safranpulver
125 g Butter (Zimmertemperatur)
½ rote Paprika, gegrillt, geschält und fein gewürfelt (etwa 2 EL davon)
⅓ TL Salz
1 Msp. Piment d'Espelette
1 TL Korianderkörner, geröstet und gemörsert

Den Limettensaft mit dem Safran verrühren und zusammen mit allen übrigen Zutaten cremig aufschlagen. In ein Vorratsgefäß füllen oder in Klarsichtfolie zu Rollen formen.

Im Kühlschrank etwa 1 Woche haltbar.

Tipp:
Passt zu Lammkoteletts, gegrilltem Fladenbrot und gebratenem Gemüse.

Ingwer-Gewürzbutter
Pistazien-Roquefort-Butter
Chermoulabutter

Bärlauchöl

2 große Handvoll junge Bärlauchblätter, gewaschen
200 ml Olivenöl
1 Msp. Fleur de Sel

Die Bärlauchblätter in Streifen schneiden. In kochendem Wasser kurz blanchieren, in Eiswasser abschrecken und gut ausdrücken. Mit dem Olivenöl und dem Fleur de Sel fein pürieren und durch ein sehr feines Sieb streichen.

In einer gut verschlossenen Flasche im Kühlschrank etwa 4 Wochen haltbar.

Tipp:
Eignet sich zum Verfeinern von Salaten, Pasta und Fisch.
Blattspinat, in etwas Bärlauchöl gebraten, schmeckt köstlich.

Milchmarmelade mit Fleur de Sel

1 l Milch
1 TL Backpulver
3 EL Honig
½ TL Fleur de Sel

Sämtliche Zutaten in einen Topf geben, aufkochen und etwa ½ Stunde köcheln lassen, bis eine dickflüssige Marmelade entstanden ist.

Im Kühlschrank 3–6 Monate haltbar.

Schokoladen-Kokos-Creme mit Chili

100 g Butter
150 g dunkle Schokolade, zerkleinert
50 ml Kokosmilch
30 g Kokosraspel, geröstet
2 EL Akazienhonig
1 Msp. Chilipulver

Über einem heißen Wasserbad Butter und Schokolade unter ständigem Rühren schmelzen. Alle übrigen Zutaten dazugeben. Die Schüssel aus dem Wasserbad nehmen und die Creme glattrühren.

Im Kühlschrank 3–6 Monate haltbar.

Kräuterhonig

6 Zweige Kerbel
3 Zweige Estragon
5 Zweige Zitronenthymian
5 Zweige glattblättrige Petersilie
20 Basilikumblätter
250 g Akazienhonig
1 TL Sherryessig

Die Blätter von den Kräuterzweigen zupfen und mit dem Honig und dem Essig mixen.

Im Kühlschrank 3–6 Monate haltbar.

Tipp:
Passt sehr gut zu Melone, Ziegenkäse oder Sauerrahmeis.

Karotten-Orangenblüten-Marmelade

1½ kg Karotten
1 kg Zucker
½ l heißes Wasser
100 ml Orangenblütenwasser (Reformhaus oder Apotheke)
60 ml Limettensaft
1 Prise Salz
½ TL frisch gemahlener Koriander

Die Karotten schälen und grob raspeln. Mit dem Zucker und dem Wasser zum Kochen bringen und etwa 35 Minuten zu einer sehr dicken Marmelade köcheln. Orangenblütenwasser, Limettensaft, Salz und Koriander darunterrühren und weitere 3 Minuten kochen lassen. In Vorratsgläser füllen und luftdicht verschließen.

Im Kühlschrank 3–6 Monate haltbar.

Tipp:
Passt sehr gut zu Hartkäse, Lammgerichten oder einfach als Brotaufstrich.

Milchmarmelade mit Fleur de Sel

1 l Milch
1 TL Backpulver
3 EL Honig
½ TL Fleur de Sel

Sämtliche Zutaten in einen Topf geben, aufkochen und etwa ½ Stunde köcheln lassen, bis eine dickflüssige Marmelade entstanden ist.

Im Kühlschrank 3–6 Monate haltbar.

Schokoladen-Kokos-Creme mit Chili

100 g Butter
150 g dunkle Schokolade, zerkleinert
50 ml Kokosmilch
30 g Kokosraspel, geröstet
2 EL Akazienhonig
1 Msp. Chilipulver

Über einem heißen Wasserbad Butter und Schokolade unter ständigem Rühren schmelzen. Alle übrigen Zutaten dazugeben. Die Schüssel aus dem Wasserbad nehmen und die Creme glattrühren.

Im Kühlschrank 3–6 Monate haltbar.

Zitronen-Pomelo-Konfitüre mit Kurkuma

6 große unbehandelte Zitronen
1 Pomelo
100 g Zucker
1/4 TL Kurkuma
1 EL Olivenöl
1 Prise Salz

Die Schale der Zitronen dünn abschälen und in feine Streifen schneiden. In kaltem Wasser aufsetzen und aufkochen. Abgießen und beiseitestellen.

Die Zitronen und die Pomelo schälen und filetieren, aus den verbleibenden Schalen und Häuten von Hand den Saft ausdrücken.

Die Zitronen- und die Pomelofilets zusammen mit dem Saft, Zucker und Kurkuma etwa 15 Minuten köcheln lassen. Olivenöl und Salz darunterrühren und in ein Vorratsglas füllen.

Im Kühlschrank 3–6 Monate haltbar.

Tipp:
Schmeckt gut zu Fisch, Geflügel und Risotto.

Chilisauce

5 rote Chili, entkernt und gehackt
2 Knoblauchzehen, gehackt
2 EL Reis- oder Weißweinessig
3 EL Wasser
2 EL Zucker
½ TL Salz

Sämtliche Zutaten mixen, in eine Flasche abfüllen und verschlossen im Kühlschrank aufbewahren.

Im Kühlschrank etwa 2 Monate haltbar.

Tipp:
Eignet sich als Würzsauce für Dressings, Suppen und alles, was noch ein wenig Schärfe braucht.

Weiße-Bohnen-Creme mit Lavendel

200 g weiße Bohnen, gekocht
½ ungespritzte Zitrone, fein abgeriebene Schale und Saft
½ Orange, Saft
6 EL Olivenöl
½ TL gehackte Rosmarinnadeln
1 TL getrocknete Lavendelblüten
½ Knoblauchzehe, fein gehackt
schwarzer Pfeffer aus der Mühle, Salz

Alles zusammen im Mixer fein pürieren. In ein Vorratsglas abfüllen.

Im Kühlschrank etwa 1 Woche haltbar.

Tipp:
Sehr lecker als Aufstrich auf geröstetem Bauernbrot, zu Lammgerichten oder gegrilltem Fisch.

Thaicurry-Vinaigrette

½ l frisch gepresster Orangensaft
1 TL grüne Currypaste
1 TL brauner Zucker
1 TL frischer Ingwer, fein gehackt
100 ml mildes Olivenöl
1 unbehandelte Limette, fein abgeriebene Schale
3 EL Limettensaft
Salz

Den Orangensaft auf 200 ml einkochen. Zusammen mit allen übrigen Zutaten mixen.

Im Kühlschrank etwa 2 Wochen haltbar.

Tipp:
Passt gut zu Fisch und Meeresfrüchten sowie zu Gemüsesalaten.

Salzbutterkaramellen

125 ml Rahm
1 Vanilleschote
140 g Zucker
175 g gesalzene Butter
2 EL geröstete, gehackte Haselnüsse

Den Rahm mit dem ausgekratzten Vanillemark aufkochen.

Den Zucker karamellisieren und mit der Butter ablöschen. Den Rahm zum Karamell gießen und gut verrühren. Etwa 10 Minuten kochen, bis die Masse Blasen wirft. Dann die Haselnüsse darunterrühren. Die Masse in eine flache mit Backpapier ausgekleidete Form gießen. Kalt stellen und fest werden lassen, dann in Würfel schneiden.

Gut verschlossen 1–2 Wochen haltbar.

Quitten-Fruchtgummi

800 g Quitten
500 g Zucker
Zucker zum Wälzen

Die Quitten waschen, trockentupfen, vierteln und mit wenig Wasser in einem Topf 15 Minuten weich dünsten. Herausnehmen, schälen und entkernen. Das Fruchtfleisch fein pürieren.

500 g Fruchtfleisch abwiegen und mit dem Zucker in einen Topf geben. Unter ständigem Rühren aufkochen und 20 Minuten zu einer sehr dicken Masse kochen. Die Masse auf ein mit Backpapier belegtes Backblech streichen und an einem trockenen, kühlen Ort drei Tage trocknen lassen. Dann die Masse in Stücke schneiden, zu Kugeln formen und diese in Zucker wälzen.

Gut verschlossen 1–2 Wochen haltbar.

Tipp:
Schmeckt ohne Zuckerüberzug auch ausgezeichnet zu Käse.

Fruchtlollies

200 g Zucker
5 EL Orangensaft, frisch gepresst
1 Msp. Zitronensäure
1 unbehandelte Orange, abgeriebene Schale

Den Zucker mit dem Orangensaft karamellisieren und köcheln lassen, bis er etwas Farbe angenommen hat. Dann sofort vom Herd nehmen und die Zitronensäure sowie die abgeriebene Orangenschale darunterrühren. Die Masse esslöffelweise auf ein mit Backpapier belegtes Blech geben und jeweils ein Holzstäbchen als Stiel hineinlegen. Abkühlen und fest werden lassen.

Gut verschlossen 1–2 Wochen haltbar.

Tipp:
Sehr gut auch mit anderen Fruchtsäften, zum Beispiel Cassis (schwarze Johannisbeeren)!

Trinkschokolade am Stiel

100 g dunkle Schokolade
1 EL Kakaopulver
1 Prise Zimtpulver
1 Prise Chilipulver

Kleine, schmale Gläser oder Röhren mit Backpapier auskleiden.

Die Schokolade schmelzen, mit dem Kakao und den Gewürzen glattrühren und in die vorbereiteten Förmchen füllen. Wenn die Schokolade fast fest ist, Holzspieße in die Mitte stecken und die Masse ganz fest werden lassen.

Trocken und kühl aufbewahrt 1–2 Wochen haltbar.

Zum Genießen die Schokolade am Stiel in ein Glas heiße, aufgeschäumte Milch stellen und rühren, bis die Schokolade geschmolzen ist.

Tipp:
Verschiedene Gewürze ausprobieren, wie Ingwer oder Koriander.

Trinkschokolade am Stiel

Grandcru-Rosmarin-Trüffel

150 ml Rahm
3 EL Rosmarinnadeln
25 g Butter
2 EL milder Grappa
150 g Grandcru-Schokolade, in Stücke gebrochen
1 EL Sauerrahm
Kakaopulver zum Wälzen

Den Rahm erwärmen, den Rosmarin dazugeben und abseits vom Herd, mit Klarsichtfolie abgedeckt, 30 Minuten ziehen lassen.

Den Rahm durch ein Sieb gießen, Butter und Grappa hinzufügen und zum Kochen bringen.

Die Schokolade im Cutter fein zerkleinern, die Rahmmischung dazugießen und alles nochmals durchmixen. Den Sauerrahm beifügen und ebenfalls kurz daruntermixen. Die flüssige Masse in eine Schüssel füllen und abgedeckt im Kühlschrank über Nacht fest werden lassen.

Kakaopulver auf einen flachen Teller geben. Mit einem Teelöffel kleine Nocken von der Masse abstechen und im Kakaopulver wälzen. Die Hände mit Kakaopulver bestäuben und die Trüffel rund rollen. In kleine Alu- oder Papierkapseln setzen.

Gut verschlossen 1–2 Wochen haltbar.

Tipp:
Der Rosmarin kann durch andere Kräuter wie Thymian oder andere Gewürze wie zum Beispiel Zimt ersetzt werden.

Kokoschips

1 frische Kokosnuss
Puderzucker

Die Kokosnuss aufbrechen und das Fruchtfleisch mit einem Hobel in sehr feine Scheiben schneiden. Auf einem mit Backpapier belegten Blech ausbreiten. Mit wenig Puderzucker bestäuben und im vorgeheizten Backofen bei 80 Grad etwa 1 Stunde trocknen, bis sie knusprig sind.

Gut verschlossen 1–2 Wochen haltbar.

Tipp:
Eine Kokosnuss lässt sich am besten öffnen, indem man mit dem Rücken eines großen, schweren Messers rundherum in der Mitte auf die Kokosnuss einschlägt. Dann öffnet sie sich von selbst.

Kandierter Ingwer

150 g junger frischer Ingwer, geschält
200 ml Wasser
200 g Zucker
Zucker zum Wälzen

Den Ingwer in Würfel von etwa 1½ cm Kantenlänge schneiden.

Das Wasser mit dem Zucker aufkochen, den Ingwer dazugeben und 10 Minuten köcheln lassen. Aus dem Sirup nehmen und abkühlen lassen. Diesen Vorgang viermal wiederholen. Die kandierten Ingwerwürfel zuletzt in Zucker wälzen.

Gut verschlossen 1–2 Wochen haltbar.

Tipp:
Den Sirup als Würze für Fruchtsalat, Desserts oder Getränke verwenden.

Curry-Puffreis

5 EL Pflanzenöl
100 g Wildreis
½ TL Madrascurry
1 Prise Puderzucker
1 Prise Salz

Das Öl in einer Pfanne erhitzen. Den Reis dazugeben und unter ständigem Rühren erhitzen, bis die Körner platzen. In eine Schüssel geben und mit den Gewürzen mischen.

Gut verschlossen 1–2 Wochen haltbar.

Gute-Laune-Blütenmüesli

30 g Butter
30 g brauner Zucker
30 g Honig
120 g Haferflocken
30 g Kastanienflocken (aus dem Reformhaus), ersatzweise Sonnenblumenkerne
30 g Pinienkerne, trocken geröstet
30 g Mandeln, trocken geröstet und gehackt
30 g Kürbiskerne, trocken geröstet
getrocknete Blütenblätter (Ringelblumen, Kornblumen, Malven, Rosen usw.)
½ TL Lebkuchengewürz

Butter, Zucker und Honig in einer beschichteten Pfanne unter Rühren schmelzen. Die Hafer- und Kastanienflocken dazugeben und 1–2 Minuten rösten. Auf ein Backpapier geben und auskühlen lassen. Mit den übrigen Zutaten mischen und in ein Einmachglas füllen.

Gut verschlossen 1–2 Wochen haltbar.

Tipp:
Gießt man dieses Müesli mit Milch auf, schwimmen die Blüten oben und sorgen so für gute Laune an einem grauen Herbstmorgen.

Chili-Kichererbsenmuffins

260 g Mehl
100 g Kichererbsenmehl
1½ TL Backpulver, gesiebt
2 TL Salz
250 g Sauerrahm
60 g weiche Butter
2 Eier
2 EL Honig
2 rote Chili, entkernt, fein gehackt

Alle Zutaten müssen Zimmertemperatur haben.

Sämtliche Zutaten zu einem Teig verrühren. In Muffinförmchen oder mit Backpapier ausgekleidete Metallringe füllen. Im vorgeheizten Backofen bei 200 Grad etwa 20 Minuten backen.

Sternanis-Schokoladenkuchen im Glas

100 g dunkle Schokolade
100 g Butter
100 g Zucker
50 g Mehl
3 Eier
½ TL gemahlener Sternanis
Butter zum Ausstreichen

In einem kleinen Topf die Schokolade unter ständigem Rühren schmelzen. Die Butter dazugeben und glattrühren.

In einer Schüssel Zucker, Mehl, Eier und Sternanis verrühren und mit der Schokoladen-Butter-Mischung glattrühren.

Den Teig in ein ausgebuttertes Glas füllen und im vorgeheizten Ofen bei 170 Grad etwa 15 Minuten backen.

Tipp:
Man kann den Teig auch in kleinen Förmchen 10 Minuten backen; die Küchlein sind dann im Kern noch flüssig.

Zimt-Glückskekse

3 Eiweiß
60 g Puderzucker, gesiebt
45 g flüssige Butter
60 g Mehl
½ TL Zimt

Das Eiweiß schaumig schlagen, Puderzucker und Butter dazugeben und glattrühren. Das Mehl und den Zimt beifügen und zu einem glatten Teig rühren. Mit Hilfe eines Palettenmessers die Masse dünn zu Rondellen von etwa 8 Zentimeter Durchmesser auf ein mit Backpapier belegtes Blech auftragen.

Im vorgeheizten Backofen bei 180 Grad 5 Minuten backen, bis die Teigränder leicht braun sind.

Mit dem Palettenmesser die Kekse rasch vom Blech nehmen, die mit den Botschaften beschriebenen Zettelchen auf den Keksen platzieren und zu einem Halbkreis zusammenschlagen. Über einer stumpfen Kante (z.B. Schüsselrand, Glasrand) nochmals falten und abkühlen lassen.

Tipp:
Nicht mehr als 2 bis 3 Kekse gleichzeitig backen, da sie sehr schnell abkühlen und beim Falten dann brechen können.

Freund ist
neue

Feigen-Haselnuss-»Brot«

500 g getrocknete Feigen, gehackt
250 g Haselnüsse, gehackt
½ TL Zimtpulver
1 EL Zucker
½ unbehandelte Orange, abgeriebene Schale
25 g dunkle Schokolade, geschmolzen
2 EL Pastis (Anisschnaps)

Alle Zutaten zu einer festen Masse vermengen. Den Teig in 4 Stücke teilen und zu Rollen formen.

In Klarsichtfolie verpackt im Kühlschrank etwa 1 Woche haltbar.

Tipp:
Da es nicht gebacken wird, ist dieses »Brot« schnell gemacht. Passt sehr gut zu Käse.

Schokoladen-Pekannuss-Cookies

175 g Butter (Zimmertemperatur)
350 g brauner Zucker
2 Eier
275 g Mehl
1 TL Backpulver
½ TL Salz
1 Vanilleschote, ausgekratztes Mark
150 g Pekannüsse, gehackt
250 g dunkle Schokolade, in kleine Stücke geschnitten

Die Butter schaumig schlagen. Den Zucker dazugeben, dann Eier, Mehl, Backpulver, Salz und Vanillemark daruntermischen. Zuletzt die Nüsse und die Schokolade darunterrühren.

Vom Teig mit einem Teelöffel kleine Häufchen abstechen und mit genügend Abstand dazwischen auf ein mit Backpapier belegtes Blech setzen. Im vorgeheizten Backofen bei 180 Grad backen.

Rezeptverzeichnis